Sola Flowers
Basics + Practical Use

―

ソラフラワーズアレンジの基本と応用

ソラフラワーズ協会 編

Contents

4　はじめに

5　Chapter 1
Basic Knowledge

6　ソラフラワーにまつわるQ&A

8　Flower Mini Guide

10　供花のさまざまな形

12　Chapter 2
Techniques

14　Lily Lotus

16　Hydrangea

17　Bell Shaped Flowers

18　Sweet Pea

19　Gerbera, Gerbera Red & English Rose

20　Calla Lily & Fantasy Flower

21　Wild Strawberry & Daffodil

22　Plublossoms

24　Dahlia

25　Carnation & Lily of the Valley

26　Cherry Blossoms

27　Lotus Rose

28	Rose Petit		88	**Chapter 4**
29	Camellia			Advance
30	Rugosa Rose		90	Paper Napkin Flowers
31	Grapes from Mini Parts		91	Corolla
32	Chrysanthemum		92	Spring
33	Anemone, Ranunculus, & Phalaenopsis Orchid		95	Summer
34	Pansy		98	Autumn
35	Rose & Rosebud		102	Winter
36	Leaf Mellia & Thunberg Lily		106	Diffuser
37	Cherry Blossoms -D type-			
38	Catlleya		108	**Chapter 5**
39	Stardust			Proficient
40	Poinsettia		110	Amazingly Gorgeous Arrangements
42	Dianthus			
43	Cyclamen		122	ソラフラワーズ協会からのInformation
44	Primula & Lily "Casa Blanca"		123	ソラフラワーズ協会認定コース
45	Plum Blossoms		124	List of Floral Designers
			126	撮影協力企業
46	**Chapter 3**		127	著者プロフィール
	Intermediate			
48	Fantastic Arrangements			

＊制作したフラワーデザイナーはP124〜126をご覧ください。

※ How toではわかりやすく見せるため、黒糸を使用しております。通常は白糸を使用します。

はじめに

　タイ王国から来た芸術花ソラフラワー。CO_2を吸収してO_2を排出する地球にやさしい植物「ソラ」から作られていることをご存知ですか。水田で生産される植物から作られるニュータイプの「エコの花」は、やさしく温かみのあるオフホワイト。吸水性に優れ、乾燥にも強く、アロマオイルや香水を染み込ませて楽しめるといったことから、アロマディフューザーとして世界中で親しまれています。

　ソラの茎を乾燥させて作ったシート状の素材から生み出されるのは、さまざまな形状の花や葉、実の数々。カット方法によって、乾燥させた茎もバラエティ豊かな花々に生まれ変わります。ローズ、ピオニー、パンジーといった既存の花から、自然界に存在しない夢の創作花まで、自由自在に制作できるのです。組み合わせ次第でどんなフォルムも作り出せるうえ、プリザーブドフラワーやアーティフィシャルフラワーとの相性もよく、彩色の可能性も無限大。フラワーデザイナーにとっては、デザインの幅が広がり、花そのものも自分の手で作り出すことができる、魅惑的なマテリアルの登場といえるでしょう。

　ソラフラワーズ協会では、現地の方々と一緒に、素材となるソラ造りから制作に携わっています。タイ王国生まれ日本育ちのデザイン文化として世界に発信すると同時に、ソラを活用し、普及させることで、現地の方々の生活に貢献することも目指しています。

　本書では、協会の理事とともに、デザイナーの皆様がオリジナリティー溢れる花をご紹介しています。アイデアとテクニックの詰まった作品の数々をゆっくりとご鑑賞ください。

　皆様と一緒に新たなるフラワーライフを享受できることを、望んでやみません。

― Chapter 1 ―

Basic Knowledge

ソラフラワーって何？
デザインする前に知っておきたい
ソラフラワーの基礎知識。

ソラフラワーにまつわる Q&A

日本ではアロマディフューザーとしてよく知られるソラフラワーですが、
何からできているのか、ご存知の方はまだ多くないはず。
どこで生まれて、どうやって作られているのか、その特徴や魅力もお伝えします。

Q ソラフラワーの「ソラ」とは何を意味しますか？

A タイの水田に自生するマメ科ツノクサネム属（Aeschynomene aspera）に属する1年草の草本植物です。とはいえ、どこにでも生えているわけではなく、今ではタイの奥地にある水田で育てられています。

草丈は人の身長をはるかに超え、1〜3mにまで成長します。現地では「セノー（Sanoo）」と呼ばれています。

もともとは稲と共に生えている雑草だった「ソラフラワーの原料」セノー。ソラの素材として使用するものは、乾季に入って水が引き始めるとほぼ同時に収穫を行っています。

Q ソラフラワーの素材として使用される以外に「ソラ」はどのように利用されていたのですか？

A タイのお米は成長すると日本のお米よりもはるかに丈が高くなります。特に昔のものは洪水の記憶がDNAに残っていることもあり、細く丈の高いものが主流でした。雨季になるとだんだん水が増え、それよりも上に出ようとすることで、稲の丈が高くなってしまったとも考えられています。稲が風雨で倒れてしまうのを防ぐため、つっかえ棒のような役割としてソラを植えていたというのです。

最近では、日本で品種改良されたコシヒカリなどと掛け合わせ、だいぶ背が低い種類も出てきているのですが、いまだに治水工事の不良もあり、水害があるため、ソラは水田に欠かせない存在なのです。

Q ソラフラワーができるまでの工程を教えてください。

A ソラの収穫は年に1度、8月頃行われます。収穫後、茎を保護しながら葉を落として、1〜1.5mほどにカットします。この棒状にカットしたものを数か月ほど、十分に水分がなくなるまで天日乾燥するのです。この乾燥させたソラの外皮を剥ぐと、光沢のある白く美しい茎が現れ、これを現地の職人が手際よく桂剥きのように、薄く剥いてシート状にします。

現在では、外皮を薄く剥く機械も開発されていて、機械で作成されたソラシートは均一な厚さにでき上がります。このソラシートやソラの外皮、茎、糸などを使って、この後のページでご紹介するソラフラワーが生まれるのです。

収穫時のソラの茎の切り口は真っ白なのですが、稲の収穫時まで放置しておくと、中がピンク色に染まり始めるものが多くなります。

1. マメ科の花はいじらしくも小さく、ほのかなクリーム色。
2. 乾燥させると真っ白できれいな茎が顔を出します。
3. まだまだ十分な整備がされておらず、水害を被る地域もそこここに。
4. セノーは、協会代表理事の浅井薫子さんの身長もゆうに超える高さ。
5. 神業のごとく、職人さんがソラを桂剥きにしてソラシートが生まれます。
6. ソラシートをくるくる丸めて、切り込みを入れると素敵な花が!
7. 丁寧な職人さんの手作業で生まれる花々。ソラシートから同じものを作ることも可能です。
8. タイのハーブは香りも豊か。これはタイミント。
9. 空地や道端に生えているレモングラス。
10. ソラの育成する土地にはトムヤンクンに欠かせないコブミカンも育っています。
11. 木の実を割ると中からコロンとしたミフクラギの茶色い姿が現れます。

Q ソラフラワーの魅力を教えてください。

A タイに自生する植物から生まれた天然素材で作られた美しく白いお花です。湿気や乾燥にも強く、生花に比べて、長く楽しめます。素材そのものの色はやさしい白ですが、専用の染色化粧水で好きな色に染めることもできますし、ソラシートから生まれる花の可能性は無限大。花びらの形や厚みなどを工夫して、ゼロからオリジナルフラワーを作るワクワク感は他では味わえません。まずは、手にとってみてください。

Q 染色に使用する「セノーカラー」に危険性はありますか？

A ソラフラワーズ協会で使用しているセノーカラーは、手についても、体に入っても安全なように、食品加工に使われる染色剤を使用しています。またソフト加工にする液体についても日本国内にて製造、安全無害の保証されたものを使用しているため、安心してお使いいただけます。使わなくなったものは家庭で下水に流しても、または普通ごみとして廃棄しても大丈夫です。

Q 「ソラ」のどの部分をソラフラワーにするのですか？

A 茎です。ソラは直径2～3cm前後のスポンジ状の白い茎を持っていて、この茎を乾燥させて使用します。

Q アロマディフューザーのソラフラワーが割れない方法はありませんか？

A 確かにアロマオイルを吸い込んでいる間は柔らかいですが、半年も経って乾燥してくるとドライフラワータイプのものは割れてしまうこともよくありますよね。

ソラフラワーズ協会で使用しているソラフラワーは、触ってみても非常にしなやかで、パリパリ壊れてしまうものとは違うタイプのお花です。というのも、ソラフラワーをドライ化するのではなく、柔らかいままプリザーブドフラワーとして保存できる液体を開発・使用しているため、見た目も触り心地もソフトなのです。柔らかく壊れにくいので、アレンジするときにも、大変扱いやすいと思います。

Sola Flowers Mini Guide

購入することも、ソラシートから手作りして、自分だけの花を作ることもできるソラフラワー。
軽くて扱いやすいうえ、自然の優しい風合いも魅力です。
素材の色を生かすもよし、好みの色に染めるもよし。
ここでは、手軽に購入することができる花から36種類をご紹介します。

ウメ

ナデシコ

サクラ

Dサクラ

スターダスト*

リリーロータス*

マム*

プルブロッサム*

カーネーション

ミニカーネーション

ジニア

アナスタシア

ローズプチ*

ローズバッド

ローズ

ニューローズ

ステムローズ A

ステムローズ B

ステムローズ C

ステムマム

ステムピオニー

ステムマグノリア

ステムリリー

ラナンキュラス

ピオニーバッド

ピオニー

ロータス

ロータスローズ *

ガーベラ *

ローズリーフ

マムリーフ

リリーリーフ

ガーベラレッド

ミニパーツ

ミフクラギ

ホテイアオイヒモ

* 印のある花はブラウンも取扱いがございます。

供花(くげ)の
さまざまな形

　ソラフラワーの生まれた国であるタイ王国。国民の90％以上が上座部仏教を信仰し、生活のあらゆる場面に宗教が根付き、人々の生活に密接に関わっているといいます。

　このページでは、私たちが持つ供花の既成概念を壊すような、ソラフラワーによる素敵な供花をご紹介します。

　また、タイの人々にとって重要な意味を持つ「供花」について、ソラの育成を通して現地の方々と深い交流のある、ソラフラワーズ協会会長・網野妙子さんにお話をうかがいました。

1. Sola Flowers　リリーロータス、ガーベラ、カーネーション、ローズリーフ
心を込めて作ったお花が、家族の心を癒します。
2. Sola Flowers　カーネーション、スターダスト
華鬘と呼ばれる御仏に奉げるお花。タイでは家神様、地域の祠、お寺様への供花と同時に、車の中まで捧げられています。
3. Sola Flowers　ピオニーバッド、カーネーション、ローズリーフ
癒しの花はこんな形も。まあるいコロンとした形に心癒されます。チェンマイのピューターが花器に。
4. Sola Flowers　小菊、ローズバッド、リリーロータス、ナデシコ
沢山の花に囲まれた愛犬を見送るボックスフラワー。いつまでも家族とともに。
5. Sola Flowers　ロイヤルローズ、ローズリーフ
貴女の好きな大輪のバラを、心からの気持ちと共に贈ります。
6. Sola Flowers　ラナンキュラス
全ての永遠は全能の神の御許に。永遠の愛を印してラナンキュラスを贈ります。
7. Sola Flowers　ラナンキュラス、アジサイ
お見送りにはこんなお花で。センスあるお見送りは心の癒しです。
8. Sola Flowers　輪菊
格式あるお寺様のご本堂に、大輪の菊を。大きな御仏壇の普段のお花にも最適。
9. Sola Flowers　ソラシート、ローズ
メリアにしたローズの土台はソラシートで。タイの供花にはバナナの生葉の加工品で作った台座に、生花を盛り付けているものも多く見られます。慶弔だけでなく色々な年中行事にも使います。
10. Sola Flowers　キク、ロータスリリー、ガーベラ
お彼岸に、お盆に、格式あるお家でも大丈夫。ご先祖様とお家の方を結ぶ大切な供花です。

供花＝仏堂などで仏前に供え荘厳（しょうごん）する花。仏教文化の伝来とともに、儀式の花、供花という習慣が根づいていきました。仏に花を供える（供花）は、仏教の中で重要な供養の一つで、インドに始まっています。インドでの供花は花をまき散らす散華（さんげ）や花首だけを糸でつなぐ華鬘（けまん）のような、花びらだけあるいは花首だけが主流となり、今のタイ王国の供花もそれに近い形となっています。

日本に伝わった時点で神道と融合し、平安時代には既に立てる花として、花瓶の口から花が立ち上がるように生けられています。これは古代の神道の伝統を持った依代（よりしろ）に沿ったものだとか。身近なところで言えば、お正月に門松を立てる、能舞台の後ろに松が立っている（描かれている）のも、それが由来でしょう。また、地方のお祭りで大木の柱を立てるのも（諏訪の御柱祭などが代表的）、植物を立てる——大木に宿る神への祈りの立て花の一種と言えるかもしれません。

神代の時代から、花を手折って、神にささげ、花を活かす工夫をしてきた日本人にとって、古代からの神と仏教の伝来と融合、それに従い長い年月をかけて供花も変化してきたものと思われます。

今日では、日本でも多くの宗教が入り交じり、供花もさまざまな形になりつつあります。ここでは仏教国タイ原産のソラ（アシノメーネ アスペーラ）を原材料として制作した、バラエティに富んだ供花をご紹介します。葬儀用の花だけではなく、身近に供える花としての「供花」をご覧ください。

― Chapter 2 ―

Techniques

好きな花がきっと見つかるはず。
アイデアとテクニックが詰まった
36種の花々。

Lily Lotus

[リリーロータス]

• Point •

▶ 花芯部分の切り込みは細かくいれると繊細な印象に。

▶ 花びらの先端のカットをシャープにするか、緩やかにするかで花の表情が変わります。

【 *How to make* 】

Materials

ソラシート、糸

| 01 |

ソラシートに切りこみを入れてから、くるくると丸めて、花芯部分を作ります。

| 02 |

ソラシートを花びらの形にカットし、小さなものから1枚ずつ巻きつけていきます。

| 03 |

だんだんと大きな花びらを巻きつけていき、最後に、根本を糸で巻いてしばり、花びらのバランスなどを整えて、糸をカットしたら完成です。

Hydrangea

［アジサイ］

・Point・

▶ 単調な花の集合体にならないように、花びらの染色を濃淡使い分けてグラデーションにするだけではなく、ところどころ全く染色しないものを混ぜています。

▶ 薄い水色の花びらには濃い色の縁どりをあしらい、花裏にも気を配ります。

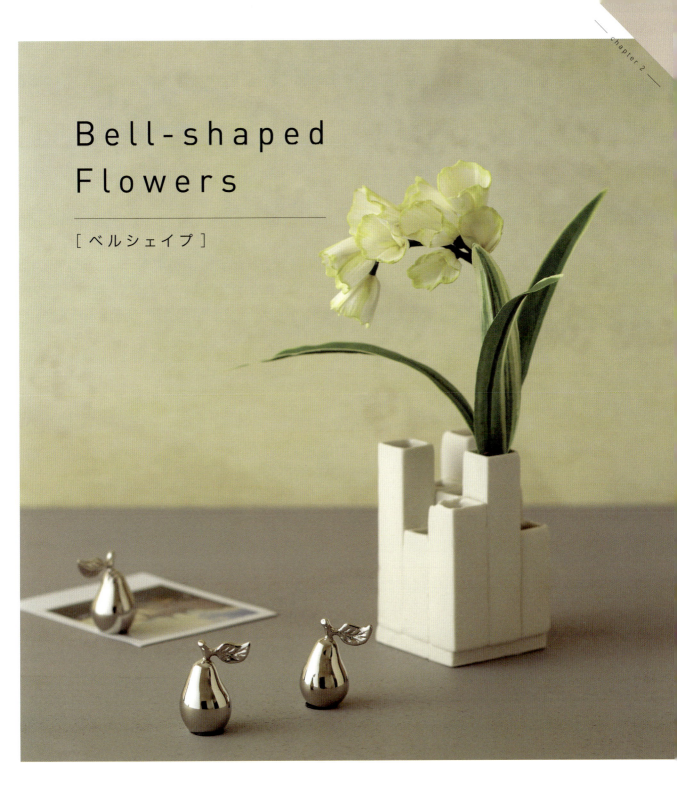

Bell-shaped Flowers

［ベルシェイプ］

· Point ·

▶ 花一輪一輪を細い茎につけることで、繊細さが生まれ、まとめたときにたわわに咲き誇っているように見えます。

▶ ツリガネニンジン、スノーフレーク、リンドウ、バイモユリ、ホタルブクロ、ムスカリなど、釣鐘型の花は全てこの形から制作できます。

Sweet Pea

[スイートピー]

• **Point** •

▶ スイートピーの花びらのひらひらとしたフリル感を強調するために、縁をピンクで染色しました。

▶ 副材としてアーティフィシャルフラワーのパセリをあわせることで、春独特のやわらかな空気を表現。

Gerbera
& Gerbera Red

[ガーベラ]

- Point -

▶ ソラシートと糸とナイフがあれば制作できるガーベラは、花びらのカット数で形が大きく変わります。

▶ ピンクのベネチアングラスに合わせて、白・茶色・白&茶色の3種類の花を作り、アーティフィシャルフラワーの小花や実もの、ラムズイヤーで触ってみたくなるような癒しのアレンジに。

English Rose

[イングリッシュローズ]

- Point -

▶ 花びらを巻きつけていくときに緩急をつけて、花びらがほろっと自然に開くさまを表現。

▶ 等間隔にきちんと花びらを巻くのはNG。いい意味でかっちり作らないことが「咲きこぼれる感」を出すキーポイントです。

Calla Lily

[カラー]

- Point -

▶ 花芯部分の染色がキーポイント。色彩の濃淡で印象が一変します。

▶ 花苞（花びらに見える部分）だけではなく、茎を美しく見せることがカラーには不可欠。チューブにワイヤーを通して、茎の質感を表現します。

Fantasy Flower

[ファンタジーフラワー]

- Point -

▶ 自分の意のままに作れることが魅力。このアレンジでは Bon Chic なアレンジを目指して、花色を選択。グレーとブラックのワントーンだと暗すぎるので、ベージュも合わせて。

▶ 花色に合わせ、ソラのやさしいクリーム色の葉をチョイス。葉脈と葉の縁どりだけをグレーに染色して一体感を出します。

Wild Strawberry

[ワイルドストロベリー]

Point

- ミニパーツを使い、ベリーの形を細長く可愛らしく作ります。
- ワイルドストロベリー独特のガクをアーティフィシャルフラワーの葉でつけて、表情豊かに。
- 葉はソラフラワーのマムリーフをカットして、ワイルドストロベリーの葉のように使い、染色しています。

Daffodil

[スイセン]

Point

- 黄色い副花冠がアクセントなので、一輪ごとに筒型のもの、少し外に向けてひらいたもの、というように表情を変えて作ります。
- 根本にひだを寄せて、やわらかな曲線を描くようにした白い花びら6枚をキュッとまとめます。モスグリーンのアナベルと合わせ、庭の花を摘んできたようなアレンジに。

Plublossoms

[プルブロッサム]

· Point ·

▶ 小花が楽しげに咲いている様子を表現するために、ふわふわ感が可愛いアーティフィシャルフラワーのミモザを合わせます。

▶ きっちり作り過ぎると自然に見えないので、染色もあえてムラになるようにしてみるなど、均一なつくりにせず、一輪一輪表情豊かになるよう心がけて。

【 How to make 】

Materials

ソラシート、糸

01

ソラシートに切りこみを入れたものを丸めて、花芯部分を作ります。

02

ソラシートを細くカットしたものを適度に湿らせ、1度ねじってから2つ折りにして花びらを作ります。花びらの根本の折り目を絞ってカーブを出し、花芯部分に1枚ずつ足していき、5枚でプルブロッサムの花を形成します。

03

根本を糸で巻いてしばり、花びらのバランスなどを整えて、糸をカットしたら完成です。

Dahlia

[ダリア]

Point

- ダリア特有の花びらのウェーブを、ねじりで表現してより立体的に仕上げます。

- ガーベラの土台にひとひらずつ花びらを貼りつけて、形成していきます。小さな花びらから始めて、だんだん大きな花びらを使い、大輪の花に仕上げます。

- 土台となるガーベラの大きさによって、つける花びらの数と大きさが決まります。

Carnation

[カーネーション]

• Point •

▶ 生花のカーネーションの花びらのように、ギザギザ感やフリル感を意識して花びらを作ったり、少し丸くしてみたり、自由自在に花びらをカットして楽しめるのが魅力です。

▶ ハンギングポットにカーネーションとマムを入れ、アーティフィシャルフラワーのアイビーで動きを出し、グリーンで統一。ポイントにローズプチ3輪を加えて、ナチュラルアレンジを目指します。

Lily of the Valley

[スズラン]

• Point •

▶ 花の数を多めに作ってまとめることが愛らしく魅せるカギ。

▶ アクリルフレームは前後共に開けれるものを使用して、360°どこから見てもOKなアレンジをセットします。

Cherry Blossoms

[サクラ]

• Point •

- ▶ サクラの花びらの先端にV字の切れこみを入れる塩梅で、温かみのある表情にもシャープな表情にも作り上げることができます。
- ▶ 花芯部分を見せる加減もかわいらしく仕上げるには重要。
- ▶ 作品全体にナチュラル感を出すために木の実を、お洒落感を出すためにパールをあしらっています。

【 How to make 】

Materials

セノーチップ、ソラの外皮、糸

01

ソラの外皮に切りこみを入れたものを丸めて、花芯部分を作ります。

02

セノーチップの端にV字の切りこみを入れて、花びらを作ります。花芯部分に花びらを1枚ずつ足していき、5枚でサクラの花を形成します。

03

根本を糸で巻いてしばり、花びらのバランスなどを整えて、糸をカットしたら完成です。

Lotus Rose

[ロータスローズ]

• Point •

▶ 花びらを厚めに作ることで、存在感たっぷりのロータスローズが生まれます。

▶ ショコラカラーのドライリーフ、葉に見立てたセノーチップ、葉のあしらわれたストーンフレーム。素材と質感の異なる3種類の葉が、メインの花を引き立てます。

【 How to make 】

Materials

セノーチップ、ソラの外皮、糸

01

セノーチップを丸めて、花芯部分を作り、花びらのようにセノーチップを巻きつけていきます。花の形になってきたら、花をまわしながら、花びらを1枚ずつ巻きつけていきます。

02

がくの形にカットしたソラの外皮を1枚ずつ巻きつけます。

03

根本を糸で巻いてしばり、花びらのバランスなどを整えて、糸をカットしたら完成です。

Rose Petit

[ローズプチ]

• **Point** •

▶ セノーチップの根本をキュッとつまむように持ち、咲きかけのバラを表現。

▶ 花の根本を糸で巻いてしばるときの力加減で、花の開き具合が微妙に変わるので注意。

▶ ローズプチをガラスボックスに敷き詰めたリングピローには、リングを置く場所も考えてメタリックフラワーとパールでデザインを施します。

【 How to make 】

Materials

セノーチップ、糸

01

セノーチップを丸めて花芯の軸を作ります。

02

軸にセノーチップを3枚ほど丸めて巻きつけたら、根本をギュッとおさえて花芯部分にします。花びらのカーブを描くよう、セノーチップの端を丸めて持ち、花芯部分をまわしながら、花びらを1枚ずつ巻きつけていきます。

03

根本を糸で巻いてしばり、花びらのバランスなどを整えて、糸をカットしたら完成です。

Camellia

[ツバキ]

• Point •

▶ 花の中心に花芯部分をしっかりと立てます。
▶ 花びらに厚みをつけて作ると、よりツバキらしい表情が作り出せます。

Rugosa Rose

[ハマナス]

· Point ·

▶ バラ科のハマナスは一重のバラを制作するときと同様に、花芯部分の表情や花びらの緩やかかつ自然な反りを意識することを心がけて。

▶ 以前見たハマナスの咲く美しい風景を再現すべく、流木を組み合わせて風を感じるようなアレンジに。

Grapes from Mini Parts

[ミニパーツ]

• Point •

▶ ブドウとして使用するので、丸いつぶに見せるためにミニパーツをくぼませます。

▶ フェンスにつるがからまっている様子をアーティフィシャルフラワーの葉で演出。

【 How to make 】

Materials　　01　　02　　03

ソラシート、フローラルテープ

01　適度に湿らせたソラシートを細くカットし、ねじったものを2つ作ります。作ったものをクロスするように交差させます。

02　根本部分にむかって、ふっくらと膨らむように折りたたみ、つぼみの風情を出します。

03　フローラルテープで根本を巻き、不要なフローラルテープ部分をカットしたら完成です。

Chrysanthemum

[マム]

· Point ·

▶ シートを二重折りにして、厚みを出し、花びらとなる部分を細かくカットします。花の仕上げ時に糸をキュッとしばるとマムの開き方が華やかになり、とってもキュート。

▶ シルバーのスクエアフレームに、マムの円形の面白さを生かしてクールな印象に。

【 How to make 】

Materials

ソラの外皮、糸

01

ソラの外皮を縦に2つ折りにし、輪になったほうから細かく切りこみを入れて行きます。

02

ソラの外皮に切りこみを入れたものを丸めて、花芯部分を作り、花芯部分をまわしながら、花びらを1枚ずつ巻きつけていきます。

03

根本を糸で巻いてしばり、花びらのバランスなどを整えて、糸をカットしたら完成です。

Anemone

[アネモネ]

· Point ·

- おしべをペップとソラシートで丁寧に作り、花びらは切り込みをいれて、内側と外側に大きさを変えてまとめます。
- アネモネの染色はソラカラーでもよし。絵の具でつけた後、ソラフラワーのクリアーカラーで仕上げてもよし。さまざまな色に挑戦できる素材です。

Ranunculus

[ラナンキュラス]

· Point ·

- 花びらの微妙な反りかえりのラインなどを意識して、花びらがたくさん集まっているように魅せます。
- ラナンキュラスならではの丸くコロンとしたかんじに加え、同じように丸みが愛らしいポンポン付のタッセルにアレンジ。

Phalaenopsis Orchid

[コチョウラン]

· Point ·

- 5枚の花びらが平坦にならないように立体的に束ね、花びらに動きをつけてバランスをとります。

Pansy

[パンジー]

• Point •

- ▶ 可憐な印象に仕上げるため、花びらの重なり具合に注意を払い、フリル部分を丁寧に表現します。
- ▶ パンジーの愛らしさに小鳥が集まって来てさえずる、そんなイメージのデザインです。

chapter 2

Rose
& Rosebud

[ローズシングル & ローズバッド]

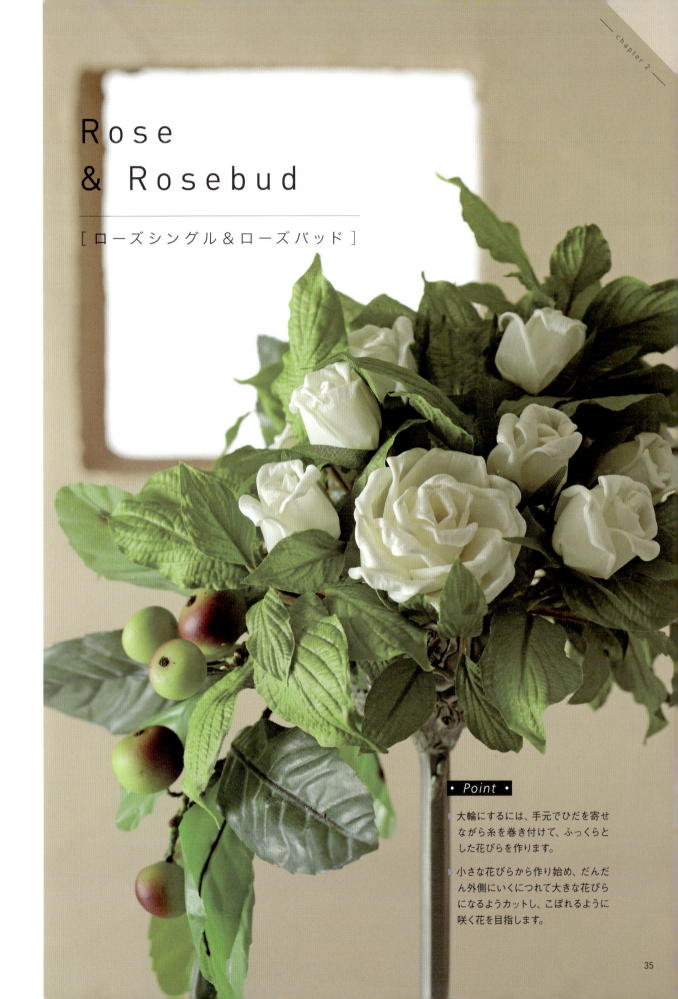

• Point •

▸ 大輪にするには、手元でひだを寄せながら糸を巻き付けて、ふっくらとした花びらを作ります。

▸ 小さな花びらから作り始め、だんだん外側にいくにつれて大きな花びらになるようカットし、こぼれるように咲く花を目指します。

Leaf Mellia

[リーフメリア]

- Point -

▶ メリアを作るときは、小さな葉から少しずつ大きな葉を使っていきます。

▶ 真ん中にワイヤーを1本入れると形がしっかりします。

Thunberg Lily

[スカシユリ]

- Point -

▶ ソラシートの繊維質に沿って、直線の筋が通るようにラインをいかして花びらをカットします。

▶ めしべ、おしべ、内側の花びらを持ち、その外に周りにくる花びらを配置します。そうすると、ワイヤーが真ん中に入ります。

Cherry Blossoms
-D type-

[D サクラ]

• Point •

▶ 8枚の花びらの根本をそれぞれキュッとおさえ、ナチュラルなカーブを出したものを合わせて1つの花にしていきます。

▶ 白ベースと茶色ベース、2種類のDサクラを混ぜて作品に奥行きを持たせ、クリスマスを表現するために木の実をプラス。

▶ 小さな可愛らしい花がたくさん集まった密集感がポイント。

【 How to make 】

Materials | **01** | **02** | **03**

セノーチップ、ソラの外皮、糸

ソラの外皮に切りこみを入れたものを丸めて、花芯部分を作ります。

セノーチップの端に切りこみを入れて、花びらを作ります。カーブを描くよう、花びらの両端を内側に折り、花芯部分に1枚ずつ足していきます。8枚でDサクラの花を形成します。

根本を糸で巻いてしばり、花びらのバランスなどを整えて、糸をカットしたら完成です。

Cattleya

[カトレア]

• Point •

▶ 少し厚めのソラシート2枚の間にワイヤーを挟んで貼り合わせ、花びらのカーブを計算して作ることで、立体的に表現します。

▶ 中心部分は芯をつけ、染色してよりカトレアらしい表情に。リップ(唇弁)部分にはフリンジを入れてひらひらとした動きを出して。

Stardust

[スターダスト]

• Point •

▶ ソラシートに水分を十分含ませて、縦にしわが入らないようにするのがコツ。

▶ 花芯部分にゴールドのナツメパールで小さなスターダストを作り、小さな花の集合の美を魅せるデザイン構成に。

▶ ミニパールをさり気なく配す、エレガントな効かせ技も効果的です。

【 How to make 】

Materials

ソラシート、糸

01

ソラシートを細くカットしたものを適度に湿らせて、ねじります。

02

2のねじったものを合わせて花びらを作ります。花びらを5枚合わせて、スターダストの花を形成します。

03

根本を糸で巻いてしばり、花びらのバランスなどを整えて、糸をカットしたら完成です。

Poinsettia

［ポインセチア］

• *Point* •

▶ 花びらと思われている赤い部分は花苞と呼ばれる葉が変化したもの。本当の花である中心の黄色い部分を「花」として見えるように作ります。

▶ 花苞の大きさと重なり具合、葉のカーブを意識して構成していきます。

Dianthus

[ナデシコ]

・Point・

▶ ハート型にカットした花びらの形でほぼ花の顔が決まるので、5枚合わせたときに上手くまとまるよう、考えて切り出します。

▶ ソラシート自体をリボンに見立てて、キャンドルホルダーにあしらい、ふんわりとした雰囲気に。

▶ 基本のナデシコに、花びらを一部重ねたり、花びらの中心部や花芯にパールやゴールドチェーンをあしらった進化バージョンです。

【 How to make 】

Materials

ソラシート、糸

01

ソラシートをカットして、くるくると丸めて花芯部分を作ります。

02

ソラシートを花びらの形にカットし、半分に折ってから根本部分を軽くおさえて表情をつけます。花芯部分に花びらを1枚ずつ足していき、5枚でナデシコの花を形成します。

03

根本を糸で巻いてしばり、花びらのバランスなどを整えて、糸をカットしたら完成です。

Cyclamen

[シクラメン]

• Point •

▶ 花の口部分にちょっと色づけをすると、シクラメンの愛らしさが際立ちます。

▶ アレンジするときには、花の向きを微妙に変えたり、ポイントとしてつぼみを入れるとグッと雰囲気が出ます。

Primula

[プリムラ]

• Point •

▸ ポリアンサ、ジュリアンなどさまざまな種類があるプリムラは、花芯部分の色付けと花びらの縁から中心に向かってグラデーションをつけて染色すると自然な印象に。

▸ 小さな花に針葉をあわせて、甘辛ミックスなアレンジができます。

Lily "Casa Blanca"

[カサブランカ]

• Point •

▸ 手むきの厚いソラシートを選び、太めのワイヤー1本、あるいは26番のワイヤー2本(いずれも白)を入れて花びらを形成していきます。

▸ 花びらのひらひら感が出るよう、微妙な手元加減でひだを入れ、花びらのゴージャス感を演出します。

Plum Blossoms

[ウメ]

• Point •

▶ 和花としての特徴を出すために、花びらの染色のグラデーション具合、また同じような色彩の花びらばかりにならないよう注意しましょう。

▶ 季節感を演出し、作品の世界観を創り上げるために、副材のセレクトも重要。

【 How to make 】

Materials	01	02	03
ソラシート、糸	 ソラシートに切りこみを入れ、丸めて花芯部分を作ります。	 ソラシートを花びらの形にカットします。花芯部分に花びらを1枚ずつ足していき、5枚でウメの花を形成します。	 根本を糸で巻いてしばり、花びらのバランスなどを整えて、糸をカットしたら完成です。

― Chapter 3 ―

Intermediate

ソラフラワーを愛する
フラワーデザイナーによる
見応えたっぷりの作品群。

Sola Flowers
カラー

花芯を中心に、放射状かつダイナミックな形状で花びらが展開するカラーメリア。肉厚の花びらにするには、二重にして先をとがらせるのがポイントです。水平なラインまで花びらを沿わせて、規則的な配列に見えないよう注意して。

chapter 3

Sola Flowers
グラジオラス

ピンクの縁どりがとってもラブリーなグラジオラスの花びらから作ったグラメリア。一輪だけでも圧倒的な存在感を放ちます。

1	
2	3

1 Sola Flowers
　ラナンキュラス、プチローズ、
　スターダスト

大輪のラナンキュラスを中心に据え、小ぶりで愛らしいプチローズ、スターダスト、メタリックフラワーをグルーピングしてあしらいます。花芯部や花びらにところどころパールを加え、華やかさを加えるのがポイントです。

2 Sola Flowers
　ラナンキュラス、リリーロータス、
　プチローズ、スターダスト

クラシックなアイアンのキャンドルスタンドのラインを生かして、ソラフラワーも似た形にアレンジしました。花びらをほんのりグレーに染めて、シックな印象に。手作りした布の花とパールチェーンを足して、気品高く仕上げます。

3 Sola Flowers
　ラナンキュラス、マム、
　スターダスト、リリーロータス

フレームに和紙とガラスパールをデコパージュしたフレームは、シャビーシックなテイストに。たくさんのソラフラワーをバランスよく配置したら、布で作った花で一味違うエッセンスをプラス。Welcome の文字を入れて、ウエルカムボードにしても。

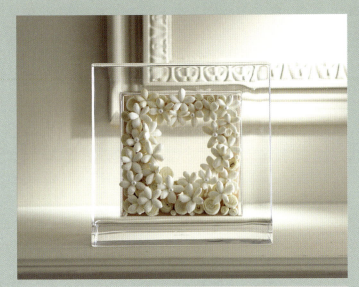

1 Sola Flowers
　ロータス、ローズリーフ、
　スターダスト

ソラフラワーのロータスとリボンフラワーをメインに、カールワイヤーでアクセントをつけたボールブーケ。アーティフィシャルフラワーのアジサイやダスティミラーのやさしい色合いが幸せを運んでくれます。

2 Sola Flowers
　スターダスト

ソラシートをまるめて、切り株のようにして凹凸をつけたものを、フレームにデザインして貼っていきます。ぷっくり可愛らしい花弁のスターダストを、向きを変えつつアレンジし、パールを散りばめてフェミニンな雰囲気に。

3 Sola Flowers
　ローズプチホワイト、ミニパーツ、
　ロータスローズ

ソラフラワー、プリザーブドフラワー共にローズで揃えて、グリーン&ホワイトでシンプルにきめたトピアリー。随所にあしらわれたリンゴも愛らしく、ちょっとした空間に置きたくなるアレンジです。

Sola Flowers
スズラン

清涼感あふれる純白のスズラン1種類だけで作った花束。花数が多いほど、その愛らしさも増します。花の向きを揃えるバランス、針葉樹を想わせるステムのあしらい方もポイントです。

1.2.3 Sola Flowers
　ラナンキュラス、ローズ

カーテンクリップ、コサージュ、ちょっとした空間に置くプチアレンジ。使用目的によって、七変化を遂げるのもソラならでは。軽いので、使用用途を選びません。

4 Sola Flowers
　ラナンキュラス

大小さまざまなラナンキュラスを天使のまわりに配して、心が穏やかになるアレンジを。

1
2

1 Sola Flowers
ローズ

プチパールに合わせた大輪のバラのヘッドドレスは、美しいだけでなく、ソラならではの軽さも魅力。

2 Sola Flowers
ラナンキュラス、リリーロータス、ガーベラ、スターダスト、ローズリーフ

ソラ本来の色のままコサージュに仕上げました。上品かつシックなホワイトで気品ある装いに。

Sola Flowers
ローズバッド、スターダスト

ソラシートにワイヤーで張りを持たせ、くるくるといろいろなパターンで巻いて、壁掛けに。ローズバットをバランスよく加えていけば、ゴージャスなアレンジの完成。組み合わせ次第でどんなデザインも可能です。

Sola Flowers
ローズ、ローズバッド

シンボリックなツルと葉が施されたフレームに、やさしいオフホワイトのローズを咲かせました。ところどころ花びらの色を変えて、変化を楽しみましょう。

| 1 |
| 2 |

1 Sola Flowers
ロータスローズ、ガーベラ、ローズプチ、ローズリーフ

リースの4分の1をフレームに配した大胆なデザイン。右から見ても、左から見てもさまざまな種類の花が美しく配され、奥行きを感じさせるアレンジです。フレームに彫刻されたハスの花との対比も見どころ。

2 Sola Flowers
ニューローズ、ピオニーパッド

中心部に絶妙な彩色を加えた大輪のニューローズを3輪、中輪・小輪のニューローズとアーティフィシャルフラワーのグレープアイビーパープルを使用して、色の統一感を出します。重厚なフレームにパッと咲いた花が語りかけてくるようです。

Sola Flowers
ロータスローズ、リリーロータス、
プルブロッサム、スターダスト

中央のロータスローズをメインに、
バラエティに富んだ小花を集めた
フェミニンなブーケ。リボンの流れる
ラインがアクセントとなっています。

1
2

1 Sola Flowers
ローズ、ガーベラ

シサルアサシートで作ったリース台にローズメリアをのせて、清楚で上品なブーケに。ここまでの大きさのメリアのバラは、きれいな円形に仕上げるのは大変！ ふわふわしたシートとガーベラで軽やかさを演出。

2 Sola Flowers
アジサイ

ミニパーツを使ってたくさんのアジサイの花びらを作り、爽やかなブーケに仕立てました。アーティフィシャルフラワーのリーフやセルリアでラウンドに形作り、アマランサスをプラス。

1	
2	3

1 Sola Flowers
オールドローズ

ソラシートから作り上げた大輪のオールドローズ。アーティフィシャルフラワーのミスカンサス、リキュウソウ、ゲーラックスを添えて、みずみずしいアレンジに。

2 Sola Flowers
　ラナンキュラス、
　ミニカーネーション

アールデコを思わせるフレームデザインには、花弁の重なり具合が素敵なラナンキュラスを。サイズの異なる花とアーティフィシャルフラワーの葉をリズミカルに配して。

3 Sola Flowers
　ラナンキュラス、ガーベラ、
　ミニカーネーション

ラナンキュラスをメインに飾ったブラックフレームには、ガーベラやアーティフィシャルのヒメモンステラ、ツイッグをあしらって、アーバンモダンな雰囲気を演出。

chapter 3

Sola Flowers
ローズ、ラナンキュラス、プルブロッサム、スターダスト

バーティカルラインが目を引くモダンアレンジ。あえて正面を向くローズをなくして、花の顔向きをバランスよく分散し、足元には小花とアーティフィシャルフラワーのツルやリーフで動きを出します。

1
2

1 Sola Flowers
マムリーフ、ローズリーフ、D サクラ、ウメ、スターダスト

ソラリーフを虫ピンでとめたコーン型の頂上には、手作りのエンジェルが。リボンで作ったリースを土台にして、リーフにも少しだけ染色をします。随所に配したメタリック&パールフラワーとキラキラのスワロチェーンがアクセント。

2 Sola Flowers
クチナシ、ロータスローズ

ソラフラワーで手作りしたクチナシはアトランティコブルーに染色。ホワイトのロータスローズと2種類のメタリックフラワーを左右にあしらい、スケルトンリーフを添えれば、エレガントなデザインに。花は全てグルーピングして、素材感を生かします。

| 1 |
| 2 |

1 Sola Flowers
　カーネーション

屋久杉を土台としたナチュラルなウォールデコレーション。カーネーションをメインに、プリザーブドフラワーのバラ、アーティフィシャルフラワーのシュガーバインやクチナシ、ブルーベリーをプラスして。

2 Sola Flowers
　クレマチス

つぼみと開花したクレマチス一輪。土台に使用したのは、ブドウ科の糸状植物「シッサスオバータ」。シンプルなラインと二輪の花の構成で魅せるアレンジは、和モダンなインテリアに映えます。

Sola Flowers
ローズ

外国からのお客様を想定した迎え花なら、ゴージャスな印象のバラが最適。アーティフィシャルフラワーのグリッターファン、クラシカルカラーアイビー、ミニスタースプレーを加え、花をたっぷり溢れんばかりにアレンジしましょう。稲と一緒に育った植物で作られているなんて、想像できないに違いありません。

1 Sola Flowers
　ツバキ、ウメ

和テイストでソラフラワーのアレンジ？と思いきや、水引や縄などもあしらってこんなに華やか。水田で稲と共に育つソラだからこそ、素材感もぴったり合うのです。

2 Sola Flowers
　ツバキ、ウメ

小さな扇形の器に入れたツバキもしっとりとした表情で。

chapter 3

| 1 |
| 2 |

1 *Sola Flowers*
　ラナンキュラス

軽やかな印象の花弁が美しいラナンキュラスに、プチパールとレースをあしらったコサージュは、身に着けるだけでパッと顔まわりが明るくなります。

2 *Sola Flowers*
　サクラ、マム

サクラの枝流れが美しいウエディングのWelcomeボード。縁どりが可愛らしい白、ピンクと2種類のサクラに加え、アーティフィシャルフラワーのタマシダやブドウヅルで動きを出し、大輪のマムでアクセントをプラス。

1 Sola Flowers
　サクラ

一輪一輪が語りかけてくるかのようなサクラの花は、額に飾っていつまでも楽しみたいもの。花びらのカーブや色の具合、どれひとつとっても同じものはありません。

2 Sola Flowers
　サクラ、ローズバッド

ソラのサクラとローズバッドをビンの中に封じ込めたら、フタにはソラの茎で作ったサクラメリアをデコレーション。置くだけでテーブルの上が明るくなります。

| 1 | 2 |

1 Sola Flowers
アジサイ

ソラシートをクシュクシュにしてリボンのように使う技ありアレンジ。プリムローズイエローとアプリコットオレンジなど、ビタミンカラーのリースの合間に咲く白いアジサイが、明るくハッピーな気分にさせてくれます。

2 Sola Flowers
アネモネ、オリジナルフラワー、ローズリーフ

ひだを寄せて愛らしく作ったアネモネとぷっくりとした小花やつぼみをタッセルに可愛らしくデコレーション。リーフとタッセルの色を統一し、趣の異なるピンクの花を引き立てています。

Sola Flowers
ローズ、D サクラ

大輪のローズメリアを載せた器は、まるで楽しいメリーゴーランド。まわりを揺れるゴンドラにはシルバーに染色したサクラが、踊るようにまわっています。

1

2	3

1 Sola Flowers
　ローズリーフ

リーフをたくさん使用してリーフメリアで作った花々。あしらいに入れたアーティフィシャルフラワーのスモーキーミント、レースフラワーなどとのバランスも絶妙です。タニワタリの流れるラインが溶け合い、器の重厚感を増しています。

2 Sola Flowers
　ラナンキュラス

トロッケンゲシュテックの木の実を使い、シルバーグレーに仕上げました。森の恵みとソラのナチュラルカラーが一体となり、月の光のように輝くアレンジ。クレッセントシェイプが素敵。

3 Sola Flowers
　ラナンキュラス

夢で見たようなラナンキュラスのブルーはソラフラワーならでは。アーティフィシャルフラワーのルナリアシード、アジサイをリズミカルに配し、チョコレートカラーのリボンでアクセントを。

1 Sola Flowers
ホタルブクロ

ハンギングバスケットから顔を出す
ホタルブクロは、花芯のビーズが可
憐な表情を垣間見せます。プリザー
ブドフラワーのアイビーと麻ヒモで
巻き上げたフラワーベースが◎。

2 Sola Flowers
ハナミズキ

ハナミズキの花だけを詰め込んだ
ナチュラルトーンのブーケ。落ち着
いた色合いのリボンでまとめて、癒
しモードな雰囲気に。一輪一輪花
の表情の違いを楽しんで。

| 1 | 2 |

Sola Flowers
フランネルフラワー

花芯をクレイで作り、花びらの先だけグリーンに染めて、フランネルフラワーの特徴をしっかり再現。プリザーブドフラワーのピットスポラムやアーティフィシャルフラワーのリーフを盛り込んだバスケットアレンジは、今、庭から摘んできたかのよう。

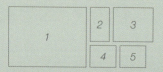

1 Sola Flowers
マム

マムを大小一輪ずつでかわいくあしらい、マムリーフを配した籠バッグ。質感と色合いの優しさは自然素材ならでは。手にしてすぐにでも出かけたい気分にさせてくれます。

2 Sola Flowers
ローズ、ローズリーフ

豪華なゴールドのバラが美味しさを引き立ててくれます。コサージュ様式で作って、瓶の首にかけて使える優れモノ。次々とかけ換えて華やかなパーティーを。

3 Sola Flowers
　Dサクラ、プルブロッサム

キャンドルの足元の装飾は、沢山の小花。夏のキャンドルはガラスを入れて涼を楽しみ、冬には灯を。華やかなソラの花がゆったりとした時を刻みます。

4 Sola Flowers
　ウメ、プルブロッサム、
　ローズプチ、スターダスト

二段ケーキは楽しくアレンジ。クリームのように小花をあしらい、トップのストロベリーとチェリーがお祝いの気持ちを伝えてくれます。

5 Sola Flowers
　カーネーション

カーネーションの大小を組み合わせて作った、草原で遊んでいるイメージのプードル。白樺の器とアーティフィシャルフラワーのデイジーが可愛らしさを引き立てます。

Sola Flowers
ピオニー、ローズ、スイートピー、
ライラック

ソラフラワーならではの優しい風合いと温かみのあるオフホワイトが美しいボールブーケ。モスグリーンの多肉植物、木の実、そしてリボンのライムカラーと随所に覗かせたレースペーパーで優しい雰囲気に。思い出の写真にもソラ&レースペーパーで作った花を添えました。

1
2

1 Sola Flowers
ラナンキュラス

ラナンキュラスを主役にしたアンティークコラージュには、素材感の異なるレース、ウールファイバー、小枝を添えて立体感を出し、アクセントに大小さまざまなパールをプラス。色数をおさえることで、エレガントに仕上げています。

2 Sola Flowers
ラナンキュラス

「Bienvenue(ようこそ)」大人の可愛しさをイメージしたウエルカムボード。甘めな印象のハートに、ボルドーとラメでふちどりをしたラナンキュラスをあしらい、フェミニンな優しさあふれるアレンジに。

79

1
2

1 Sola Flowers
ディモルフォセカ

キク科の花びらの特徴を出すためには、丁寧な作業が不可欠。花芯から花びらの縁まで、染色にはブルーのグラデーション具合に気を配ります。つぼみも含めてたくさん作った花は、バスケットに入れて野の花を感じさせて。

2 Sola Flowers
ディモルフォセカ

春咲きに咲くディモルフォセカはソラで作った葉と合わせて動きを出すことで、だんだんと春めいていく楽しげな雰囲気を演出します。アーティフィシャルフラワーのネスト（巣）、バスケットタイプを器にして。

1 Sola Flowers
 ラナンキュラス、サクラ、
 プルブロッサム、マムリーフ

ワックスを使用し、ラナンキュラスをそのまま入れて作ったキャンドル。中に仕掛けたLEDライトが花を照らすように作られています。

2 Sola Flowers
 ラナンキュラス

色彩を合わせて作ったもうひとつのアレンジの主役もラナンキュラス。シャンパングラスに沈むパールと共に、アクアコーティング液で仕上げています。

1 Sola Flowers
ダリア

白樺をベースに配した額アレンジには、カナリーイエローのダリアを気持ちのままに配して。鮮やかなイエローが空間を明るくしてくれます。

2 Sola Flowers
マグノリア、ローズ

ドラマティックな色彩のマグノリアとグリーンのバラ。大輪の花の存在感とフラワーベースの色彩が、重厚かつ格式のあるアレンジの決め手。

Sola Flowers
アネモネ

手作りした白樺のベースに、スカイグレイやフロスティグレイに染めたアネモネの花が微笑むかのように咲き誇ります。アーティフィシャルフラワーのシダを合わせて、落ち着いた雰囲気に仕上げました。

1	
	2

1 Sola Flowers
　リリーロータス、ラナンキュラス

紅白の花を時計に封じ込めたボックスアレンジ。ソラの赤は色移りしやすいので、丁寧なコーティングがポイント。永遠に時を刻んで。

2 Sola Flowers
　リリーロータス、ロータスローズ、
　ローズプチ、カーネーション

4種類の花に紅葉したアーティフィシャルフラワーの葉をあしらった壁掛けには、残り少ない季節を楽しむかのように蝶が舞っています。

1	
2	

1 Sola Flowers
ワイルドストロベリー

花びらがキュートな花はソラシートから制作。バラ科の植物の、特徴を出すために、花芯部分は少し盛り上がって、今からベリーの実になっていく、そんなイメージで仕上げます。アロマスティックを入れて、香りも楽しめるアレンジに。

2 Sola Flowers
パンジー

手作りフェルトアートと組み合わせたのは、コーティングした真っ赤なパンジーのネックレス。ふわふわモコモコ感たっぷりの花と暖色の組み合わせは、セーターに合わせても◎。

85

Sola Flowers
スイレン、キキョウ

神秘的な美しさを持つスイレンと凛として気品ある姿のキキョウ。雨にしっとりと濡れた様子をイメージして制作しました。紫色の濃淡の色使いが上品な美しさを放ち、静謐な和の情緒を表現しています。

Sola Flowers
コチョウラン、オリジナルフラワー

一輪一輪表情を変えながら制作したコチョウラン。花弁の色を計算し、華やかな動きを出すことで雅を演出しています。合わせたデンファレは、シリカゲルのドライフラワーに特殊コーティングを施したもの。

— Chapter 4 —

Advance

馴染みのあるアロマディフューザーから
四季がテーマの作品まで
ソラフラワーの可能性は無限大。

Paper Napkin Flowers

上／*Sola Flowers*
　　オリジナルフラワー
シルバー×ホワイトのペーパーをソラシートに貼って花びらに仕上げた、清楚でノーブルなオリジナルフラワー。ウェディングシーンにも似合いそう。

下／*Sola Flowers*
　　オリジナルフラワー
ネイビー×ホワイトのストライプが爽やかなオリジナルフラワーは、ファニーな白いフラワーベースに合わせて。マリンテイストの爽やかな一輪。

orolla

左上／*Sola Flowers* 　プルブロッサム、ミニパーツ
ペールピンクとブライトピンクがキュートなお姫様の花冠。スワロチェーンのキラキラとやわらかなオーガンジーリボンで、ロマンティックテイストに。

左下／*Sola Flowers* 　ローズ、ローズバッド
イメージはドイツのワイン祭り。ローズはつぼみ、三部咲き、五分咲き、ローズバッドはつぼみ、五分咲き、大輪とメリアにしながら使い分けます。アーティフィシャルフラワーのサンザシをあしらった花冠をワインの女王に捧げましょう。

右上／*Sola Flowers* 　サクラ、ローズプチ
ソラフラワーはヘアオーナメントにも使用できる軽さも魅力。アースカラーのモコモコリボンとコットンパール、やわらかな配色と素材感の組み合わせが見事の一言。大人っぽいナチュラルテイストの好例です。

右下／*Sola Flowers* 　ナデシコ、ローズプチ
カリーニョピンクの素材感が楽しいアーティフィシャルフラワーとミニローズで愛らしさを表現。レースの小花も添えて、可憐な印象。

上／Sola Flowers
カーネーション、ロータスローズ、
プルブロッサム、マム

ところどころ、あえて均一に染色しないストロベリーアイスピンクのカーネーションがメイン。他の小花をグルーピングして、アーティフィシャルフラワーのスモーキーリーフを加えて、小さな春の花束に。

下／Sola Flowers
パンジー、スターダスト

春風に揺れる花を表現するには、花向きを正面にせず、さまざまな向きにします。角度を変えたり、さりげなくグルーピングにした配置にすると、よりナチュラルな印象に。

Spring

上／*Sola Flowers*

ローズ、ガーベラ、ホテイアオイヒモ

フレッシュグリーンのリース。ほんのりと春の若葉色にするために、スプレーは遠くから吹きかけます。単調になりがちな大輪の花のリースは、素材やフォルムが異なるもので動きをつけます。コードリボンで自然な流れを。

下／*Sola Flowers*

チューリップ、スイートピー

スイートピーをバスケットまわりにリース状にアレンジし、チューリップは中心部に長さを変えてのびのびと表現しましょう。アーティフィシャルフラワーのシャインワイヤープランツとミモザで遊び心を加えて、最後にカメオで気品を表現します。

Sola Flowers
D サクラ、スターダスト、プルブロッサム、ローズプチ

リーフ型にしたコイル状のワイヤーをソラシートに貼って作り上げた葉。放射状に配した葉の中に、サクラのピンクを基調として明るいトーンの小花をあしらいます。

Summer

上／*Sola Flowers*
ガーベラ、プルブロッサム、マム
鉛のバーティカルラインが効いたフレームに、多肉植物とソラフラワーを盛り込んで。多肉植物とプリザーブドのバラをモスグリーンで揃えることで、ソラの存在感が際立ちます。

下／*Sola Flowers*
アジサイ
タイで購入した螺鈿細工のキャンドルスタンドにアジサイをアレンジ。フラワーベースとアジサイの色彩トーンを合わせ、シンプルモダンな印象に。

上/ *Sola Flowers* 　ローズ、ラナンキュラス、マム

ウッド調のインテリアフレームに、貝殻とアイボリーの花を組み合わせて。大輪の花々は夏の太陽をイメージ。手編みのレースが温もりを添えてくれます。素材のサイズ感を調整して、立体的に仕上げて。

下/ *Sola Flowers* 　ロータスローズ、プルブロッサム、ガーベラ、ロイヤルローズ、サクラ

ティータイムのテーブルに置いておきたい夏にぴったりのリース。色をおさえ、バラエティに富んだフォルムの異なる花をあしらうと爽やかに仕上がります。

上／Sola Flowers
マム、ブルブロッサム、ガーベラ

ウッドベースに真珠の母貝と配したのは、ソラフラワーと自然素材の小物たち。多肉植物とアーティフィシャルフラワーのアイアンプランツ、白いロープで遊び心も効かせています。

下／Sola Flowers
アンスリューム

有機的な小物と合わせて、清涼感漂う和の空間を表現。苔、流木、アジアンタムなど、小物合わせでアレンジの雰囲気がこれだけ変化します。

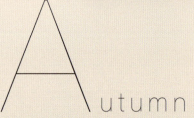

Sola Flowers
マムリーフ

リーフのみで作ったリースは、カフェオレカラーをはじめ、全体をグレイッシュな色で統一。縁取りのみ色付けしたものも混ぜて、変化をつけてみました。

上／*Sola Flowers*
　マム

ハロウィンをイメージしたオレンジとブラックの組み合わせ。対照色にしてラウンドで揃えたアーティフィシャルフラワーのゲーラックスとマムが好相性です。お菓子も添えて、季節のギフトボックスに。

下／*Sola Flowers*
　ピオニー

ピオニーの花びらを一枚一枚足していき、メリア仕立てにした大輪の花。一輪だけでも存在感は十分。花芯と花びらにほんのりつけたグレーで、アレンジがぐっと大人っぽく。

Sola Flowers　ミニパーツ、ミフクラギ、D サクラ
木の実やシナモンをプラスした 2 種類のポマンダーは、カーキ色のリボンを効かせたコードでシックに。香りも秋らしいウッディーなものをセレクトしましょう。

上／*Sola Flowers*
　　ロータスローズ　スターダスト
ソラの外皮シートで作った実をアクセントにした、秋らしい風情のカードスタンド。大切な方からのメッセージをいつでも身近に飾れます。

下／*Sola Flowers*
　　マムリーフ、ミニパーツ
秋の夜長を楽しむためのワインギフト。バスケットにからんだ葡萄は、ソラシートから一粒一粒手作りしたもの。ソラのオフホワイトとコルクに見立てた白樺の小枝の色合いがベストマッチです。

左／Sola Flowers
　　ステムローズ、ステムマグノリア、ステムピオニー

外庭に通じる回廊で、大輪のソラフラワーに迎えられるという想定外の出来事！弾んだ気分でお散歩を続けましょう。南天の実、ベゴニアリーフと合わせて。

右／Sola Flowers
　　ステムローズ、ラナンキュラス、スターダスト、ガーベラ、ミフクラギ、ホテイアオイヒモ

ソラを育むタイでは、暖かいクリスマスを迎えます。アーティフィシャルのポインセチア、シダーなどをリースの土台に飾りつけて、クリスマス気分も最高潮に。素材そのままの色を生かしたソラフラワーのビッグリースで、爽やかにサンタクロースをお出迎え。

Winter

Sola Flowers
リリーロータス、スターダスト、ローズプチ
小さなソラフラワーのコサージュで飾り付けたジュエリーボックス。花部分は直接手に触れることも多いので、縦割れを防ぐコーティングは必須。クラシカルなリボンとゴールドのワイヤー装飾は、ソラのホワイトとよく映えます。

Sola Flowers
ローズ、マム、カーネーション、
ロータスローズ、ローズプチ、
ミニパーツ、ローズリーフ

ソラフラワーで迎えるホワイトクリスマス。真っ白な花のリース中央にはキャンドルを灯して、聖夜を祝います。

Sola Flowers
サクラ、スターダスト、ローズプチ、
ミニパーツ、ホテイアオイヒモ
たくさんのソラフラワーから生まれた
トピアリーには、エンジェルヘアーと
シルバーボールでアクセントを。ソラフ
ラワーから自然の香りが漂います。

Diffuser

1. Sola Flowers　マムリーフ、プルプロッサム、ホテイアオイヒモ
葉や小花を集めて花束のように仕立てたディフューザー。花束を束ねているかのように、瓶のネックにホテイアオイをリボンのように結んで。

2. Sola Flowers　Dサクラ、ホテイアオイヒモ
ソラで作った葉をアクセントに束ねた自然素材のタッセル。風に揺れるたびに、ほのかにお気に入りの香りを感じるように。

3. Sola Flowers　ローズ、ローズバッド
アロマディフューザー容器に、天然ローズオイルで作ったオーデコロンを入れて、じっくりと籐芯に匂いが上がるのを待ちます。気品ある白バラの香りにうっとり。

4. Sola Flowers　マム、ロータスペタル
パリスピンクに色付けした花には、チューベローズオイルを合わせて。芳醇な香りが部屋いっぱいに広がります。

5. Sola Flowers　ピオニー
お気に入りの香水瓶に調合したアロマコロンを入れて、花の隅々にまで吸い上げさせます。香水瓶の色に合わせて、色水も一緒に調合すれば、花色まで好みの色合いに。

6. Sola Flowers　カーネーション、スターダスト
カーネーションの中心に吸い上げ棒を付け、好みの香りを染み込ませて。ポイントは、ガク部分に巻きつけたプチパールと瓶に貼ったお気に入りのペーパー。ブイロンワイヤーとパールをあしらったスターダストが、輝きと高級感を演出します。

7. Sola Flowers　サクラ、スターダスト、マム、ローズリーフ
小さな小さなプチリース。バラエティに富んだ愛らしい表情の花を選んで、ソラのリーフで仕上げます。ちょこんと置いても、壁にかけても。ベルガモットなど、柑橘系の香りをセレクトすれば、気分もリフレッシュ。

8. Sola Flowers 　ローズ

ソラシートで作るアルファベット。ローズや葉などをおしゃれに組み合わせています。シートにたっぷり香りを含ませて。お客様へのおもてなしに、イニシャルで作っても素敵。

9. Sola Flowers 　ローズリーフ、マムリーフ

ローズリーフとマムリーフの2種類をメリア仕立てにしたディフューザー。間にリーフを模したホワイトアイアンを入れて立体感を出し、アクセントとして葉先にパールをプラス。壁掛けにしても、置いても楽しめるアレンジです。

10. Sola Flowers 　ロータスローズ、ミフクラギ、サクラ、ローズリーフ、ホテイアオイヒモ

コロンとした丸いミフクラギに、たっぷりとローズオイルを含ませて。ソラフラワーから漂う香りに癒されます。

11. Sola Flowers 　オリジナルフラワー

メインに一輪花をあしらい、ソラで作ったハート型ウェルカムグッズ。ほのかな香りとともにお客様をお出迎え。

12. Sola Flowers 　ガーベラ、ロータスローズ、プチホワイト、サクラ、カーネーション、ホテイアオイヒモ、ソラステム

縦半分に割ったソラステムに、サイズも種類も異なる花を可愛くアレンジした壁掛けディフューザー。シンプルなデザインが、天然素材の良さを引き立てます。

13. Sola Flowers 　ガーベラ、ローズリーフ

大小のガーベラをちょっと大人の香水瓶に合わせて、淡いブラウンに。"サンダルウッド"の香りを選んで、心身ともに落ち着きを取り戻し、自分の心の見直しを。

14. Sola Flowers 　マム、カーネーション

フォトジェニックな瓶に吸い上げた後の花色を考えて、天然アロマオイルを調合します。元気をくれるオレンジを選んだら、香りも迷わずオレンジをセレクト。

15. Sola Flowers 　オリジナルフラワー

ソラシートにレースペーパーを加えて作ったオリジナルフラワー。オフホワイトで統一して、可愛らしさを演出。

16. Sola Flowers 　ラナンキュラス

ラナンキュラスをグレーとカフェオレ色に染めたら、花芯部にはアクセントのスワロフスキーを一粒。色違いのタッセルをあしらい、クールモダンに仕上げました。

17. Sola Flowers 　カーネーション、バラ

真っ白な花が徐々に染まり、香りも豊かに広がっていきます。吸い上げの違いによる微妙な色の美しさも楽しんで。

18. Sola Flowers 　オリジナルフラワー

和紙をコーティングして作ったオリジナルのソラフラワーは、水引で優美な印象に。

― Chapter 5 ―

Proficient

とある邸宅で開かれた
ソラフラワーズ協会理事による
花の競演。

Welcome Board

Sola Flowers
ステムローズ、ステムピオニー、ステムマグノリア

玄関前のウエルカムボードに咲くのは、おもてなしへの期待が高まるダイナミックな大輪の花々。アーティフィシャルフラワーのスモーキーアイビーと組み合わせて、シックなグレーとベージュで仕上げます。

Rose Arrangement

Sola Flowers
オールドローズ、ローズリーフ

庭を見ながらのお茶は落ち着いた色合いのローズアレンジと一緒に。オールドローズの花弁にきらめく天然ダイヤモンドとゴールド、パール、スパンコール使用のアートリーフが、優雅なティータイムへと誘ってくれます。チョコレートケーキを頂きながら、まったりとした午後を過ごしましょう。

Wall Decoration

Sola Flowers
オリジナルフラワー
爽やかなアイスグリーンの壁に合わせて、寒色系のペールトーンでまとめたウォールデコレーション。ソラフラワーにアラベスク模様をあしらい、アーティフィシャルフラワーのアイビー2種と実を加えて、優しく上品な雰囲気に。

chapter 5

Basket Arrangement

Supremely Lovely Arrangement

上／*Sola Flowers*
　　オリジナルフラワー

爽やかな朝をイメージして作ったバスケットアレンジ。色数をおさえ、デザインをシンプルにしたことで清涼感あふれる印象に仕上がりました。フリル感のあるアーティフィシャルフラワーのパセリと白い蝶で遊び心をプラス。

下／*Sola Flowers*
　　オリジナルフラワー

ウォールデコレーションとセットで構成したアレンジにも、ソラで作った花の優しいヒースグレイが効いています。こんなアレンジのある部屋なら、ゆったりと穏やかな時間が過ごせそう。

左／Sola Flowers
　　ローズ、ニューローズ

ホワイトのツイッグ、姫リンゴの枝、大輪のローズを組み合わせて。コロンと転がしたホワイトローズの美しさに会話も弾む、華やかな午後のおもてなしテーブル。抹茶と小豆のパウンドケーキ、カボチャのスコーンほか、ニンジンとタマネギのポタージュ、アボガドのムースと食事系要素も完璧なアフタヌーンティーを楽しんで。

右／Sola Flowers
　　ステムリリー、ステムローズ、ステムマグノリア、ステムマム

窓辺に咲いたおもてなしの花。ピンク、グレー、ブルー、パープルなどが絶妙に混ざり合った色彩が大人の雰囲気を醸し出します。アーティフィシャルフラワーのアジサイ、レッド系のアイビーと組み合わせて。開花具合の異なるステムリリーが顔を出すラインがポイントです。

chapter 5

Exquisite Arrangement

Classical Rococo Flowers

Sola Flowers
リリーロータス、スターダスト、D サクラ、ローズプチ

ソラで作った花弁とソラフラワーで作った楕円のガーランドを額縁に仕立て、中やまわりにソラフラワーを描くようにあしらいます。繊細かつ軽やかなラインがロココ様式を想わせる、クラシックな空間にぴったりなアレンジです。

Terrific Wreath

Sola Flowers
ロータスローズ、オリジナルフラワー

ソラフラワーのナチュラルな色のみで
仕上げたリースは、花も2種類のみ。
ソラフラワー本来の美しさが引き立つ
デザインです。ステンドグラスの枠に
合わせ、コードリボンでアクセントを
つけて。

Graceful Brooch

Sola Flowers
ラナンキュラス、リリーロータス、ローズプチ、
スターダスト、プルブロッサム

小さなソラフラワーをセットしたブローチ台は、ものを挟めるように手を加えたすぐれもの。揺れる姿が美しいメタルタッセルをプラスすれば、宝石箱からカーテンまでお部屋を彩るプチアイテムに。

Gauguin Orange Mums in Bag

Sola Flowers
カーネーション、マム

手作りの革バッグに合わせて、ソラフラワーはゴーギャンオレンジに染色。ラウンドのやさしいフォルムが効いたアレンジです。オールドノリタケのオレンジとも呼応して、落ち着いた中にも鮮やかさが映えます。

Simple Modern Arrangement

Sola Flowers カラー
流れるようなラインが美しいカラーは、自然の風景を写しとるかのように木や石、蘭の根などの有機的な小物を添えて。花弁のやわらかな反り具合がポイントです。

Sola Flowers スターダスト
スターダストの花芯部にパールをセットした愛らしいネックレス＆イヤリング。直接身体に触れるアクセサリーは、衝撃に強く！身体にやさしく！作ることが基本です。今回はUVレジンでコーティングしました。思いっきり、装飾的な色にすることができるのもソラフラワーならでは。

Star Shaped Flowers Accessories

Flower Decorated Frames

Sola Flowers
ピオニー、ローズ、オリジナルフラワー
ブラック&ホワイトのシックなフレームに、グレー&ホワイトの花でシンプルにまとめました。レースペーパーをコーティングした大輪の花をあしらったフレームは、置く空間を選びません。

ソラフラワーズ協会
Information

　ソラフラワーの認知拡大とデザイン技術の向上を目指し、2012年に発足しました。エコプランツの利用によって地球環境に貢献し、「ソラフラワーの産みの親である」タイの方々と協力し合いながら、新たな可能性を追求することを理念としています。

　独自に開発したソラフラワーを使ったアレンジメントのレッスンを中心に、各種イベントへの参加など幅広く活動。各お花の方面でトップデザイナーとして活躍する理事の集まりだからこそ、常に新鮮でオリジナリティの高い作品の提供を心掛けています。

　レッスンで学べる技術や知識は、ソラフラワーの基礎知識やデザインはもちろん、色彩理論、教室運営、仕入れ方法ほか多岐にわたり、アーティフィシャルフラワーやプリザーブドフラワーとのコラボレーションなど、ビジネス展開をお考えの方々のバックアップにも力を入れています。

》 URL http://www.solaflower.org/

ソラフラワー（セノー）認定コース

ソラフラワーの扱い方とテクニックをマスターするコースです。
3コース全て終了した者はディプロマを取得できます。
ディプロマ取得者はソラフラワーズ協会認定講座を開講できます。
全コース共通でレッスンは2時間／単位です。

■ 初級コース（4単位）

Lesson	カリキュラム
Lesson 1	オールドローズ
Lesson 2	ダリア
Lesson 3	アジサイ
Lesson 4	ヤマボウシ(ハナミズキ)

▬ 中級コース（5単位）

Lesson	カリキュラム
Lesson 5	パンジー
Lesson 6	アネモネ
Lesson 7	ライラック
Lesson 8	ヒマワリ
Lesson 9	スイートピー

▬ 上級コース（5単位）

下の表からお好みの5種類を選択してください。

Lesson	カリキュラム	Lesson	カリキュラム
Lesson10	ローズメリア	Lesson33	ナデシコ
Lesson11	ドリームフラワー	Lesson34	ウメ
Lesson12	クリスマスローズ	Lesson35	サクラ
Lesson13	モクレン	Lesson36	ラナンキュラスシート
Lesson14	トルコキキョウ	Lesson37	ロータスローズ
Lesson15	アイリス	Lesson38	プルブロッサム
Lesson16	シャクヤク	Lesson39	マム
Lesson17	カラー	Lesson40	ローズプチ
Lesson18	スカシユリ	Lesson41	Dサクラ
Lesson19	スイセン	Lesson42	リリーロータス
Lesson20	コチョウラン	Lesson43	カーネーション
Lesson21	カトレア	Lesson44	イングリッシュローズ
Lesson22	カサブランカ	Lesson45	ベルシェイプ
Lesson23	ブドウ	Lesson46	ワイルドストロベリー
Lesson24	プリムラ	Lesson47	ディモルフォセカ
Lesson25	ファンタジーフラワー	Lesson48	チューリップ
Lesson26	ラナンキュラス	Lesson49	スズラン
Lesson27	ポインセチア	Lesson50	リーフメリア
Lesson28	ツバキ	Lesson51	リンドウ
Lesson29	シクラメン	Lesson52	スパティフィラム
Lesson30	ローズバッド＆ローズシングル	Lesson53	グラメリア
Lesson31	ハマナス	Lesson54	カラメリア
Lesson32	スターダスト	Lesson55	クレマチス

List of Floral Designers

▶P48 河野加奈江
[B-prospering ／ビープロスペリング]
千葉県八千代市萱田町743-62
TEL 047-485-2253
URL http://kanae-bpb.wix.com/be-prospering

▶P49 丑ヶ谷めぐみ
[あとりえきらら☆]
埼玉県児玉郡
TEL 090-3082-2952
URL http://ameblo.jp/atelierkirara0214/

▶P50〜51 山田弥生
[フィール ヤヨイフラワー]
愛知県名古屋市中村区羽衣町13
TEL 052-482-3910
URL http://www.feel-yayoi.com

▶P52〜53 浅野みどり
ソラフラワーズ協会賛助理事
[verdefiole ／ヴェルデフィオーレ]
埼玉県川越市仙波町3-14-1
TEL 049-236-8387
URL http://verdefiole.jp

▶P54 田邉惠子
[MAFD AMINO]
東京都三鷹市下連雀
E-mail cge12440@hkg.odn.ne.jp

▶P55 高島惠子
[A&F Atelier K's ／エー＆エフ アトリエ ケーズ]
富山県畠山市稲荷町1-4-31
TEL 076-442-6808
E-mail pa28553@ps.ctt.ne.jp

▶P56 黒木裕子
[KUROKI YUKO]
千葉県八千代市大和田新田1176-1 カーサ ラッフィナート204
TEL 080-7727-5604
E-mail kagurahana87@yahoo.co.jp

▶P57 下平知津江
[MAFD 青葉台校 Rote Rose ／ローテ ローゼ]
神奈川県横浜市緑区北八朔町1931-4
TEL 090-3560-6323
E-mail sherry_chizu@yahoo.co.jp

脇田雅子
[MAFD新横浜教室
Angie Flowers ／アンジー フラワーズ]
神奈川県横浜市港北区篠原町3232-11
TEL 045-834-4908
URL http://www.angie-flowers.com

▶P58〜59 三好正子
神奈川県横浜市金沢区釜利谷西5-22-12
TEL 045-783-9618

▶P60 佐藤ふさ子
[たちばな]
TEL 080-2371-7503
E-mail fusa1312@hotmail.com

▶P61上 吉原惠里子
[ORAF]
神奈川県横浜市神奈川区松見町
TEL 090-4123-6170
E-mail antiqueli@gmail.com

▶P61下 沼田京子
[アトリエKyo]
神奈川県横浜市神奈川区松見町
TEL 090-4545-9445
E-mail kyo.mnt@gmail.com

▶P62〜63 吉本佳代子
[花結び]
大分県中津市中央町1-7-48
TEL 0979-33-7713

▶P64〜65　北澤寿江
［アトリエ花香－HANAKA－］
長野県松本市
TEL　0263-55-3970
E-mail　totch@cameo.plala.or.jp

▶P66　尾関素子
［dance／ダンス］
東京都渋谷区代々木5-64-4
TEL　03-5454-5428
URL　http://www.wine-cafe-dance.co.jp/flower

▶P67　片山紀子

▶P68　倉持紀栄
［NATUR］
E-mail　natur@silk.ocn.ne.jp

▶P69　大塚なるみ
［Charme Rose／シャルム・ローゼ］
福岡県春日市弥生3-25-201
TEL　090-8355-9498
E-mail　haruka.narumi.aya@docomo.ne.jp

▶P70　熊谷祥子
［MAFD厚木三田教室］
神奈川県厚木市三田631-13
TEL　046-242-6098
E-mail　happy-bear-s-a@hotmail.co.jp

▶P71　徳岡朋子
埼玉県熊谷市上之1219-4
E-mail　tokokatomo@yahoo.co.jp

▶P72〜73　櫻井花代子
［Atelier HANA］
神奈川県川崎市川崎区

▶P74〜75　白石淳子
［Fleurage／フルラージュ］
埼玉県さいたま市西区内野本郷958
TEL　090-2677-4581
URL　http://fleurage-jun.com

▶P76〜77　武田智恵子　武田教子
武田正乗　武田智也　武田敬子
［Shonan Ever Flower／湘南エバーフラワー］
神奈川県藤沢市本町4-4-15
TEL　0466-28-0261・090-5757-7014
URL　http://www.shonan-ever-flower.com/

▶P78　斉藤たみ
［「Flowery」スチューディオ
BY華ギャラリーコットンローズ］
URL　http://cotton-rose.com/

▶P79上　澤藤日夏
［アトリエ　ココフルール］
岩手県北上市新穀町
TEL　0197-72-5977
URL　http://cocofleur.jp

▶P79下　中田隆子
［atelier T-tree／アトリエ ティーツリー］
東京都調布市上石原
E-mail　t2016tree@gmail.com

▶P80　米澤タミ子
［多美フラワー］
栃木県鹿沼市松原3-77
TEL　0289-76-4563・090-4961-9974
E-mail　t-tiberen25-72a-bo@docomo.ne.jp

▶P81　木下英美子
［花のアトリエKino］
埼玉県草加市新里町138-4
TEL　048-923-0575
URL　http://www.f-kino.jp

▶P82 狩野恵子
[はな恵フラワースクール]
神奈川県川崎市川崎区渡田1-10-7
TEL　044-333-6413
E-mail　judy3kei@33.netyou.jp

▶P83 遠山かすみ
[HANA 霞]
E-mail　kasumicrocosmo@yahoo.co.jp

▶P84 小島佳代子
神奈川県川崎市幸区南加瀬
TEL　080-1062-3862
E-mail　zv3faamhisz1yd7579de@ezweb.ne.jp

▶P85 和田千穂瑠
[ちほるの部屋]
神奈川県横浜市青葉区若草台15-27
TEL　080-4440-0484
URL　http://ameblo.jp/chihoruwada/

▶P86 井上尚子
[「Flowery」スチューディオ
BY 華ギャラリーコットンローズ]
URL　http://cotton-rose.com/

▶P87 加藤立子
[「Flowery」スチューディオ
BY 華ギャラリーコットンローズ]
URL　http://cotton-rose.com/

ちばゆきこ
[Also Yukiko フラワースタジオ]
宮城県白石市鷹巣東3-3-46
TEL　0224-25-6562
URL　http://www.hanahito.net/

戸田山典子
[アトリエドゥプロバンス]
東京都台東区花川戸2-12-2
TEL　080-9717-1252
URL　http://www.promoteast.co.jp

中村千恵子
[中村プランニング]
熊本県熊本市御幸西2-1-43
TEL　096-370-1431
URL　http://nakamuraflower.shop-pro.jp

〈 撮 影 協 力 〉

九州フラワーズ株式会社　https://www.omise-net.com
スミザーズオアシスジャパン株式会社　http://www.oasisfloral.com
CAZARO　http://www.daisen-frame.com
東京堂株式会社　http://www.e-tokyodo.com
ノーブルトレーダーズ株式会社　http://www.le-noble.com
松村工芸株式会社　http://mkaa.co.jp
横浜ディスプレイミュージアム（株式会社ポピー）　http://www.displaymuseum.co.jp

（50音順）

著者プロフィール

網野妙子
（あみのたえこ）

ソラフラワーズ協会会長／プリザービングフラワーズ協会会長／MAFD AMINO主宰／厚生労働省1級フラワー装飾技能士／職業訓練指導員／一般社団法人プリザーブドフラワー全国協議会副会長／アーティフィシャルフラワーズ協会会長

8年間のドイツ滞在中にフラワーアレンジメントとトロッケンゲシュテックを習得し、自らのデザイン性を追求しながら後進の指導にあたる。気品ある華やかな作品が魅力。

住所　神奈川県横浜市港南区日野南3-17-14
TEL　045-835-5880　FAX　045-835-5881
E-mail　info@mafdamino.com
URL　http://www.mafdamino.com

浅井薫子
（あさいかおるこ）

ソラフラワーズ協会代表理事／プリザービングフラワーズ協会代表理事／Viridiflora主宰／厚生労働省1級フラワー装飾技能士／職業訓練指導員／一般社団法人プリザーブドフラワー全国協議会理事／アーティフィシャルフラワーズ協会代表理事

英・独・仏で伝統的なフラワーデザインの基本を習得。華やかさと大胆な色使い、気品あるアレンジは独自のスタイル。ウエディング、ディスプレイ、雑誌など幅広く活躍。

住所　神奈川県川崎市幸区南加瀬3-3-27
TEL　044-588-6483　FAX　044-588-6483
E-mail　info@viridiflora.net
URL　http://www.viridiflora.net

鴨田由利子
（かもだゆりこ）

ソラフラワーズ協会理事／株式会社クレーブラット代表／オルネフラワー協会理事長／ルーチェ協会理事長／NFD名誉本部講師／厚生労働省1級フラワー装飾技能士／職業訓練指導員／一般社団法人プリザーブドフラワー全国協議会理事

英、墺、独で花を学び、多くの花のプロを育成。フラワー、クラフト、アクセサリーを融合させた独自の世界を確立。世界らん展デモンストレーターをはじめ、幅広く活躍。

住所　東京都北区赤羽1-62-7-201
TEL　03-3598-3787　FAX　03-3598-3787
E-mail　kamoda@kleeblatt.gr.jp
URL　http://www.kleeblatt.gr.jp

橋爪容子
（はしづめようこ）

ソラフラワーズ協会理事／華ギャラリーコットンローズ主宰／「Flowery」代表／日本フラワー作家協会特別正会員代表理事／日本花あしらい普及協会代表／一般社団法人プリザーブドフラワー全国協議会理事

多種の花材の和洋融合スタイルの世界観を提案。モダン、エレガンス、有機的な自然表現など、インテリアや小物との独自表現も定評。「生活に花を」マスコミに発信。

住所　東京都中央区日本橋室町1-11-6-205
TEL　03-3277-7898　FAX　03-5676-5430
E-mail　y-flower@cotton-rose.com
URL　http://cotton-rose.com

Art director / Book designer
室田征臣　室田彩乃(oto)

Photographer
山本正樹
深澤慎平(P2・3・5・8〜13・78・106 [3〜5・9]・107 [11・13〜18],
　　　　How to：P15・23・26〜28・31・32・37・39・42・45)

Editor / Writer
中森裕美

Special thanks to：
岩崎久美(小菓子制作＆テーブルコーディネート P111・114)

Sola Flowers
Basics＋Practical Use
ソラフラワーズアレンジの基本と応用　　NDC 793

2016年9月16日　　発　行

編　者　　ソラフラワーズ協会
発行者　　小川雄一
発行所　　株式会社 誠文堂新光社
　　　　　〒113-0033 東京都文京区本郷 3-3-11
　　　　　［編集］電話 03-5800-5779
　　　　　［販売］電話 03-5800-5780
　　　　　http://www.seibundo-shinkosha.net/
印刷・製本　図書印刷株式会社

©2016,Sola Flowers Association.　Printed in Japan

禁・無断転載
検印省略
万一落丁・乱丁の場合はお取替えいたします。本書掲載記事の無断転用を禁じます。また、本書に掲載された記事の著作権は著者に帰属します。これらを無断で使用し、ワークショップ、講演会、バザーなどでの販売、および商品化などを行うことを禁じます。

本書のコピー、スキャン、デジタル化等の無断複製は、著作権法上での例外を除き、禁じられています。本書を代行業者等の第三者に依頼してスキャンやデジタル化することは、たとえ個人や家庭内での利用であっても著作権法上認められません。

R〈日本複製権センター委託出版物〉
本書の全部または一部を無断で複写複製（コピー）することは、著作権法上での例外を除き禁じられています。本書からの複写を希望される場合は、日本複製権センター（JRRC）の許諾を受けてください。
JRRC（http://www.jrrc.or.jp/　E-Mail：jrrc_info@jrrc.or.jp　電話 03-3401-2382）

ISBN978-4-416-91634-6